NÃO ME ENTREGO, NÃO!

NÃO ME ENTREGO, NÃO!

Flávio Marinho

Cobogó

Sumário

Apresentação,
por Flávio Marinho   9

Othon: O maior ou o melhor?,
por Flávio Marinho   11

NÃO ME ENTREGO, NÃO!   15

Panorâmica do tempo,
por Daniel Schenker   51

Esta peça é dedicada à sua madrinha, Martha Overbeck.

Apresentação

Não me entrego, não! é, à primeira vista, um monólogo. Mas trata-se de um monólogo híbrido porque a figura da Memória está sempre à espreita, ora cutucando Othon Bastos, ora fazendo a narrativa caminhar, ora discordando do que ele está falando. E ela, interpretada por Juliana Medela, tem a ousadia de discordar daquele que é considerado o maior ator brasileiro vivo, do alto dos seus 91 anos e 73 de carreira. Uma carreira de títulos marcantes no cinema (*Deus e o Diabo na terra do sol*, para citar apenas um), no teatro (*Um grito parado no ar*, para ficarmos num só título), além de oitenta participações em novelas e séries. Tudo ele relembra com alegria e senso de humor — características marcantes de sua personalidade, propondo uma reflexão sobre cada momento da sua trajetória.

É o "mapa-múndi" de uma vida dividido em blocos temáticos — trabalhos, amor, teatro, cinema etc. — cujas observações envolvem citações e referências de alguns dos autores mais importantes do mundo que Othon interpretou ao longo de sua carreira. A peça mostra como a trajetória de um artista pode ser uma lição de vida e de resiliência, de como enfrentar os duros obstáculos que se apresentam em nossa existência. Uma aula de superação. Divirtam-se.

Flávio Marinho
Diretor e dramaturgo

Othon: O maior ou o melhor?

"Othon Bastos talvez seja o maior ou o melhor ator do cinema brasileiro. Ele tem uma filmografia sólida, com qualidade e continuidade. Participou de obras extremamente representativas de grandes diretores." A declaração é do poeta e cineasta Ruy Guerra. Mas qualquer um que der uma olhada na trajetória cinematográfica de Othon concorda na hora: *Sol sobre a lama*, de Alex Viany, *O pagador de promessas*, de Anselmo Duarte, *Deus e o Diabo na terra do sol* e *O dragão da maldade contra o santo guerreiro*, ambos de Glauber Rocha, *Capitu*, de Paulo César Saraceni, *Os deuses e os mortos*, de Ruy Guerra, *São Bernardo*, de Leon Hirszman, *Bicho de sete cabeças*, de Laís Bodanzky, *Central do Brasil*, de Walter Salles Jr. ou *O paciente*, de Sérgio Rezende, são apenas alguns títulos de uma impressionante filmografia. Mas Othon não é apenas um bicho de cinema. Até por formação — seus primeiros passos foram no Teatro Duse, de Paschoal Carlos Magno — ele é, antes de tudo, um animal teatral: estudou teatro em Londres por quase dois anos, participou da escola de teatro da Universidade Federal da Bahia, fez os quatro mais importantes espetáculos dirigidos por José

Celso Martinez Correa — *Os pequenos burgueses*, de Máximo Gorki, *O rei da vela*, de Oswald de Andrade, e duas de Bertolt Brecht, *Galileu Galilei* e *Na selva das cidades* —, durante 15 anos esteve à frente de uma companhia fundada por ele e por sua mulher, Marta Overbeck, produzindo espetáculos como *Castro Alves pede passagem*, *Um grito parado no ar*, *Caminho de volta*, *Ponto de partida*, *Murro em ponta de faca* e *Dueto para um só*. De quebra, atuou em alguns dos espetáculos mais significativos da fase áurea do Teatro dos 4. Sem falar na sua participação em oitenta telenovelas. Mais que um ator extraordinário, Othon é uma grande referência na história da cultura brasileira. Que me desculpem Marlene e Emilinha, mas Othon é o maior.

Flávio Marinho
Diretor e dramaturgo

NÃO ME ENTREGO, NÃO!

de Flávio Marinho

Não me entrego, não! estreou no dia 14 de junho de 2024 no Teatro Vanucci, no Rio de Janeiro.

Elenco
Othon Bastos

Texto e Direção
Flávio Marinho

Diretora assistente e Participação especial
Juliana Medela

Direção de arte
Ronald Teixeira

Trilha sonora
Liliane Secco

Iluminação
Paulo César Medeiros

Programação visual
Gamba Junior

Fotos
Beti Niemeyer

Adereços
George Bravo

Visagismo
Fernando Ocazione

Coordenação de produção
Bianca de Felippes

Consultoria artística
José Dias

Assessoria de imprensa
Marrom Glacê Comunicação

Assessoria jurídica
Roberto Silva

Coordenação de redes sociais
Marcus Vinicius de Moraes

Assistente de direção de arte
Pedro Stanford

Design gráfico de cenografia
Emanuel Orengo

Assistente de produção
Gabriela Newlands

Administração
Fábio Oliveira

Desenho de som e Operador
Vitor Granete

Operador de luz
Eder Nascimento

Contrarregra
Reginaldo Celestino

Realização
Marinho D'Oliveira Produções Artísticas Ltda.

Depois do segundo sinal, Memória entra em cena, supervisionando a contrarregragem e, como boa Fräulein, vendo se está tudo em ordem. Memória tem seus 45 anos, é bem-apessoada, de maquiagem discreta e muito rigorosa. Brasileira, de origem alemã, ela é pela disciplina e pelo rigor das informações. Dona de quase nenhum senso de humor e alegria de viver limitada, ela funciona, ao mesmo tempo, como ponto, inspetora geral e Wikipédia no espetáculo. Não deixa passar nada. Implica com Othon Bastos porque está ali meio a contragosto. Não faz o menor esforço para ser simpática. Veste-se muito discretamente.

Após olhar tudo, Memória vai se sentar no canto esquerdo do palco, onde existe uma cadeira e uma mesinha sobre a qual ela coloca o texto da peça. Senta-se ali, olha, com muita má vontade para o público presente e, depois de algum tempo, estala os dedos pedindo o terceiro sinal. Ao seu gesto, entra uma linda e evocativa introdução instrumental, muda a luz, que se torna envolvente e atmosférica. É a deixa para Othon Bastos entrar em cena pelo lado oposto de onde está Memória. Começa, então, uma cena muda, em que Othon vai caminhando e admirando o cenário, enquanto dá a volta no palco, passa por Memória e vai se sentar no centro.

A ambientação cenográfica é simples: um tapete retangular tipo sisal delimita a área de representação; o fundo é um grande painel com detalhes de algumas das histórias que Othon irá contar. Como uma espécie de mapa-múndi da história de vida de Othon, com ícones — ou emojis — dos pontos altos de sua trajetória. Detalhes como um samovar, o sertão baiano, o Rio de Janeiro, São Paulo, um palco de teatro ou uma tela de cinema, compondo um mural das inúmeras narrativas. Enquanto Othon narra cada história, o detalhe equivalente ganha um contorno de luz no painel. É importante que esse fundo tenha vida própria como um todo — quando a luz geral o estiver iluminando — e ganhe uma vida especial quando seus detalhes forem destacados pela luz. Espalhados pelo tapete, estão três dispositivos cenográficos de alturas distintas: um na altura de um banco de bar, num canto do palco; outro, da altura de uma cadeira, no centro do palco; e um terceiro, mais alto, da altura de um pódio para um palestrante, no lado oposto do palco. Nele, encontram-se alguns papéis, um par de óculos e um copo d'água.

Othon está vestido com um terno completo — com direito a gravata e jaqueta — de corte clássico, mas que, de alguma forma, também remete ao interior da Bahia, seja pelo material — uma camurça marrom, talvez? — ou por um ou outro detalhe. Na realidade, o figurino deverá promover um encontro entre o urbano e o rural — mundos em que Othon transita sem maiores dificuldades — e servir como base para o striptease emocional do ator que, num momento, tira o casaco, no outro, a jaqueta, depois a gravata, até ficar no básico: de calça e camisa social.

Ao sentar-se no centro, entra outro tema instrumental evocativo mais discreto e Othon diz algumas palavras poéticas, que, até certo ponto, sintetizam a temática básica da peça...

OTHON:
Artista, o teu nome já nasce na lista dos que vão sangrar de paixão e dor. É marca, é sina, não tem remissão. Vai cumprir missão até se esvair com o teu sinal da cruz, tua dor de raiz. Criar é mais importante que ser feliz.

Othon bate palmas, a luz muda e o clima também.

OTHON:
1944! Colégio Pio Americano, São Cristóvão. Alvoroço numa sala de aula para escolher o representante da classe na festa de fim de ano. Lá estava eu em pleno admissão... [*para Memória*] Como é que se chama isso mesmo hoje em dia?

MEMÓRIA:
[*a contragosto*] Ensino Fundamental 1!

OTHON:
[*referindo-se a Memória*] Sabe tudo... [*para o público*] Bom, eu tava metido numa espécie de concurso de recitar poesia. E como estávamos numa aula de literatura, estudando o parnasianismo, era para recitar "A pátria", de Olavo Bilac. "Criança! Não verás país nenhum como esse..." A professora Eliete [*com certo tesão adolescente*] Ah, a professora Eliete... Minha paixão, aqueles olhos azuis, aquele cabelinho louro encaracolado... linda! Bom, ela colocou os meninos contra as meninas e foi logo chamando uma aluna, a Vilma Muniz, que começou a recitar da forma mais clássica possível: "Criança! Não verás país nenhum como esse..." [*recita a primeira estrofe de uma forma bem careta*] Enquanto isso, a minha torcida organizada fazia um coro bai-

xinho, "Baiano... baiano..." — nasci em Tucano, uma cidade ao norte da Bahia — e eu pensava: "Não vou falar o poema desse jeito tão... antigo... não! Vou é falar como se estivesse contando uma história para alguém." Sem saber, acho que o Brecht já estava me soprando coisas no ouvido... [*e Othon diz, de forma bem coloquial, a primeira estrofe do poema*] Quando terminei, foi aquele silêncio terrível. Alguma coisa tinha dado muito errado. E Vilma Muniz ficou em primeiro lugar!!! Quando a aula terminou, a professora Eliete liberou toda a turma, menos eu... "Othon, fica aí!" Quando estava cara a cara com ela, veio o veredito implacável: "Othon: você sabe que pode ser o que quiser quando crescer: médico, advogado, engenheiro, qualquer coisa, meu filho, qualquer coisa. Mas você vai me prometer: pelo amor de Deus, nunca, mas nunca mesmo, se meta em qualquer tipo de arte. Você não leva o menor jeito."

Breve pausa. Othon olha para a plateia e imita a professora Eliete.

"Promete!"

OTHON:
Prometo, prometo... Eu vou ser... dentista! [*pausa*] Ah... [*com tesão, decepcionado*] Ah, a professora Eliete...
   Seguindo, cegamente, os conselhos da professora Eliete, eu demorei a fazer as pazes com o palco. Já estava no terceiro ano do científico, que, agora, chama... [*para Memória*] Como é mesmo?

MEMÓRIA:
Ensino Médio!

OTHON:
Isso! Eu já estava com 17 anos, morava na Cidade Maravilhosa e estudava num colégio considerado moderninho, o Rio de Janeiro, em Ipanema. Minha turma era bastante animada: tinha, por exemplo, o Walter Clark, futuro poderoso da Globo, o Ronald Russell Wallace de Chevalier. Bom, o Ronald se tornaria economista, além de célebre boêmio carioca: Roniquito. Eu era amigo da família toda e foi essa família que me conduziu ao caminho da fé. Porque, nessa época, eu frequentava, acompanhando meu pai, na qualidade de "ouvinte", a casa do pai do Roniquito: seu Ramayana de Chevalier — um importante jornalista e médium. Ele recebia uma entidade chamada Urdiel, que dizia coisas muito interessantes, que me marcaram até hoje: "O atleta não deve se gabar de suas medalhas, mas sim dos obstáculos que conseguiu superar." Essas palavras, e outras, tiveram um forte impacto na minha juventude.

Na mesma época, papai conheceu um outro médium, um bancário chamado Jair — nada a ver com aquele que ficou atrapalhando a nossa vida durante quatro anos. Jair recebia uma entidade chamada Pai Aquino, um preto velho que parecia ter uma bola de cristal. Uma vez, o Pai Aquino me disse: "Não adianta ficar tentando fazer outras coisas. Você vai trabalhar num lugar onde as pessoas vão ficar caladas, te olhando, enquanto você fala sem parar..." Como é que é? Um dentista que fala enquanto o paciente fica de boca fechada? Fiquei encucado... Que diabo de profissão era aquela? Só sei que aquilo tudo mexeu muito com a minha cabeça e, pouco tempo depois, consegui entender... Isso pra mim era um mistério, como a própria existência de Deus.

MEMÓRIA:
Uma vez, perguntaram ao escritor José Saramago:

OTHON:
Como podem homens sem Deus serem bons?

MEMÓRIA:
E ele respondeu:

OTHON:
[*imitando Saramago*] Como podem homens com Deus serem tão maus?

Seja como for, cada um há de ter um conceito de Deus e cada um de nós tem a sua forma de rezar. No meu caso, acho que aprendi a orar com as formigas. É verdade... Certa vez, vi uma formiga que carregava uma enorme folha com muito sacrifício. Foram muitos os tropeços, mas nem por isso a formiga desanimou, até chegar num buraco, que devia ser a sua casa. A folha era muito maior do que a boca do buraco. Aí, ela entrou sozinha. Pensei: "Coitada, tanto sacrifício para nada." Mas, de repente, do buraco, saíram outras formigas, que começaram a cortar a folha em pequenos pedaços. Em pouco tempo, a grande folha deu lugar a esses pequenos pedaços e eles sumiram... dentro do buraco! A união, realmente, faz a força. E pensei nas minhas experiências pessoais. Quantas vezes desanimei diante das dificuldades? Talvez se a formiga tivesse olhado para o tamanho da folha nem começasse a carregá-la. Quando dei por mim, já estava orando e pedindo para ter a tenacidade daquela formiga para "carregar" as dificuldades do dia a dia. Aquela formiga me ensinou o caminho da perseverança.

MEMÓRIA:
Bom, voltando à dura realidade brasileira e aos seus 17 anos.

OTHON:
O irrequieto Roniquito inventou de fazer teatro no nosso colégio. Eu reagi. "Não sou ator. Vou ser dentista!" E me colocaram como ponto. Vocês já devem visto no cinema, né? O ponto" era aquele infeliz que, antigamente, ficava escondido no poço do palco dando cola do texto pro elenco. Agora, vejam vocês a situação...

MEMÓRIA:
O Roniquito pegou os conflitos entre Iago e Otelo — de uma das tragédias mais famosas de Shakespeare — e criou uma cena pra gente fazer no teatrinho da escola, em que o Iago era, na realidade, apaixonado pelo Mouro de Veneza. O que, na época, era muito subversivo, hoje é uma interpretação até muito aceita por alguns estudiosos do bardo inglês. E, pensando bem, poderia dar um bom sketch de besteirol.

Mas naquela época, em pleno 1950, era demais. E, às vésperas da estreia, o Walter Clark, que fazia justamente o Iago apaixonado, chegou à conclusão de que aquilo tudo era uma grande maluquice, se rebelou e pulou fora do projeto, com medo de ser chamado de "fruta" pelos colegas.

OTHON:
[*para Memória*] Memória, como se chama "fruta" hoje em dia?

MEMÓRIA:
[*abrindo o leque*] LGBTQIAPN+

OTHON:
O Roniquito ficou doido e decidiu que EU, como sabia o texto de cor por ter sido o ponto durante os ensaios, teria que fazer o Iago!

Procurei resistir, mas ele não aceitava "não" como resposta. E lá fui eu, muito a contragosto, fazer a peça no teatrinho da escola.

Não sei como, mas quem assistiu, gostou, se divertiu. Na plateia, estava um estudante de teatro que foi me procurar, dizendo que eu levava muito jeito, que eu precisava encarar aquilo a sério. "Mas eu vou ser dentista!", respondi, cheio de convicção. O cara nem me ouviu e soltou essa: "Eu estudo com o Paschoal Carlos Magno — vamos lá agora, que eu te apresente a ele." Insistiu tanto que eu fui.

MEMÓRIA:
Momento Google!!! Paschoal Carlos Magno!!! Pra este nosso país de memória curta, é bom lembrar que o Paschoal foi um dos homens mais importantes do teatro brasileiro. Da sua escola de teatro em Santa Teresa, onde funcionava o Teatro Duse, saíram alguns dos maiores nomes do nosso teatro. Um curso de formação completa de ator.

OTHON:
Ele nos levava para ver ópera no Municipal, convidava as companhias estrangeiras que visitavam o Brasil pra conversar com a gente, aprendíamos tudo sobre o nosso ofício. Cônsul, professor, diretor, e, acima de tudo, um agitador teatral que bolou, logo depois, as "caravanas culturais" que, pioneiramente, levavam teatro aos quatro cantos do Brasil.

Quer dizer, ele era uma grande referência. E o tal estudante conseguiu, até hoje não sei como, que o Paschoal me conhecesse no mesmo dia.

PASCHOAL:
[*off*] Com que então, o senhor quer ser ator?

OTHON:
Não, senhor. Quero ser dentista. É que, na verdade, as pessoas dizem que eu tenho uma boa voz, então...

PASCHOAL:
[*off*] Vai ali praquele palco e anda de um lado para o outro.

OTHON:
[*para a plateia*] Eu obedeci. [*e anda de um lado para o outro*]

PASCHOAL:
[*off*] Agora anda de um lado para o outro dizendo: "As rodas rolam pelas ruas da cidade."

OTHON:
Seu Paschoal, eu sou baiano... Vai ser difícil puxar os erres desse jeito. Tá bem... [*andando de um lado para o outro*] As rodas rolam pelas ruas da cidade. As rodas rolam pelas ruas da cidade."

PASCHOAL:
[*off*] Pronto! Pode parar! Pela minha experiência, já vi que você leva muito jeito mesmo. Agora, seguinte: as matrículas já estão encerradas e todos os cursos estão superlotados. A solução é você fazer todos eles na qualidade de ouvinte. Como é muito puxado, tem sempre gente que abandona os cursos no meio, e aí você entra!

OTHON:
Bom... Passei a frequentar todos os cursos de interpretação, contrarregragem, cenografia, figurino, iluminação, sonorização. Aprendi a organizar a caixa-preta do palco. Enfim, conheci as

entranhas do teatro, a sua "cozinha". E em 1951, aos 18 anos, estreei com a peça *Terra queimada*!

MEMÓRIA:
No coro.

OTHON:
O corifeu dizia: "Já vai alta a madrugada, o sol não tarda a nascer." E o coro — eu — respondia: "Não tarda a nascer..." O corifeu: "A sineta da casa grande não para de bater..." E eu: "Não para de bater..." Era quase um eco. E foi assim que a odontologia perdeu um talento inexcedível.

MEMÓRIA:
Outro momento Google! Denzel Washington! É um grande ator americano que diz...

OTHON:
"Não penso em mim como uma figura que as pessoas admiram, apenas tento compartilhar minhas experiências. Você aprende a atuar nos palcos — não nos filmes. É o que falo para jovens atores: 'Subam no palco!' É ali que se aprende como atuar. O cinema é dos diretores; a televisão, dos editores. No teatro, quando as cortinas se abrem, o palco pertence ao ator. Se você pegar uma lista de grandes atores, quase todos possuem uma extensa experiência no teatro. Há um ditado que diz: 'Sem comprometimento, você nunca começa. Sem consistência, você nunca termina.' Estou devotado a ser consistente pelo resto dos meus dias."

Já Plínio Marcos, mais conhecido como autor excepcional, mas que também era ator, falou com conhecimento de causa do nosso ofício, fazendo para todos nós atores de teatro uma verdadeira declaração de amor: "Eu amo os atores que sabem que a única recompensa que podem ter — não é o dinheiro, não são os aplausos — é a esperança de poder rir todos os risos e chorar todos os prantos. Eu amo os atores que sabem que no palco cada palavra e cada gesto são efêmeros e que nada registra nem documenta sua grandeza. Amo os atores e por eles amo o teatro, e sei que é por eles que o teatro é eterno e que jamais será superado por qualquer arte que tenha que se valer da técnica mecânica."

Na verdade, quem abraça essa profissão de ator — e que meus colegas me perdoem — não pode ser muito bom da cabeça. Em qual outro ofício você abraça um outro ser humano e o beija muito dizendo: "Eu te amo! Eu te amo!" quando, na realidade, você ODEIA aquela pessoa? A gente não pode bater bem, deve ter algum parafuso solto... É a única explicação! Quer ver? [*para Memória*] Vai, Memória...

MEMÓRIA:

O ajuste — ou o desajuste — desses parafusos ficou bem evidente numa pesquisa realizada em 2009 pelo departamento de psiquiatria de uma universidade húngara. Eles aplicaram um teste de criatividade em 328 indivíduos considerados saudáveis. A pesquisa queria descobrir se aquelas pessoas apresentavam mutação de um gene do cérebro — o Neuregulin 1 — que, aparentemente, tem relação direta com a criatividade. E ficou provado: quem tem o maior número de genes são os mais criativos! Mas a melhor das conclusões vem agora: os mais criativos também apresentavam maior risco de desenvolver transtornos psíquicos, lapsos de memória e... uma violenta sensibilidade... às críticas!!! Ou seja, é praticamente o retrato falado de um ator de teatro!

OTHON:
[*para Memória*]: Costuma-se dizer que, para ser um bom ator, você precisa carregar um monte de personagens dentro de si. [*para o público*] Não sei se isso é bom ou ruim, só sei que eu carrego vários... Há multidões em mim. Na mesa da minha alma, sentam-se muitos e eu sou todos eles. Há um velho, uma criança, um sábio, um tolo. Você nunca saberá com quem está sentado ou quanto tempo permanecerá com cada um de mim. Mas prometo que, se nos sentarmos à mesa, nesse ritual sagrado que é o teatro, eu lhe entregarei ao menos um dos tantos que sou, e correrei os riscos de estarmos juntos no mesmo plano. E ser ator de verdade, minha gente, é, acima de tudo, correr risco.

MEMÓRIA:
Como diz o grande ator inglês Paul Scofield...

OTHON:
"Ator é aquele que fica horas e horas à espera de si mesmo."

MEMÓRIA:
Só que o seu caminho seguiu uma trajetória muito inesperada.

Othon diz aqui, em inglês, a rubrica inicial de Romeu e Julieta.

OTHON:
Gostaram? É uma rubrica de *Romeu e Julieta*... O baiano aqui aprendeu a tirar uns coelhos da cartola...

MEMÓRIA:
Como você foi parar em Londres?

OTHON:
Muito simples, Assis Chateaubriand convidou vinte estudantes de teatro para ir para a Europa e eu fui parar em Londres, terra do teatro, na Webber Douglas School.

MEMÓRIA:
Como?

OTHON:
[*com sotaque bem britânico*] Webber Douglas School! Agarrei a chance com unhas e dentes e lá fui eu, crente que ia abafar... E abafei. Agora, os ingleses vão ver o que é que o baiano tem!

MEMÓRIA:
Como ouvinte do curso e figuração nos espetáculos.

OTHON:
No *Romeu e Julieta*, eu fazia um guarda, parado e mudo, só ouvindo. [*para o público*] Ou seja, também era ouvinte em cena. Só podia ser karma. E ainda por cima duuuuro de doer, sem uma libra na carteira. Sérgio Viotti, um grande ator brasileiro que, na época, trabalhava na BBC de Londres, me descolava uns bicos que me ajudavam a segurar as pontas... Comecei a fazer tudo quanto é teste e sempre acabava numa ponta, numa figuração muda. Até que, um dia, o próprio Sérgio Viotti me jogou a real: "Não adianta, Othon. Por melhor que você seja, *eles* sempre vão preferir um inglês..." Então, depois de quase dois anos de tentativas frustradas e muito aprendizado, arrumei as malas e voltei pro Brasil. A Inglaterra perdia a figuração mais muda de todos os tempos.

Rumei para a ebulição cultural de Salvador e fui estudar, a convite do diretor Martim Gonçalves, na Escola de Teatro de Salvador. Ansiava por grandes papéis, grandes desafios.

MEMÓRIA:
Foi ser bibliotecário.

OTHON:
Como não tinha mais vaga como ator na escola, eu fui ser bibliotecário, sim! Fui ser também assistente de um prestigiado professor de literatura e também da professora de voz, madame Suzette. A cada dia, eu via que o teatro era apenas para os fortes. E acabei fundando junto com um grupo de dissidentes o Teatro dos Novos, no Teatro Vila Velha.

Enquanto isso, sem dizer uma palavra no palco, eu já estava chegando aos 30 anos e me interrogando se não devia ter mesmo seguido a odontologia... Foi quando Alex Viany, importante jornalista carioca, cinéfilo de plantão e um homem dedicado às nobres causas populares, estreava como diretor de cinema com o filme *Sol sobre a lama*. Como o Alex ia filmar *in loco*, ou seja, em Salvador, e queria usar muitos atores de lá, me convidou para fazer a *minha* estreia cinematográfica. Meu papel não tinha nem nome próprio, era conhecido como Moreno, assim como eu era conhecido como Baiano.

MEMÓRIA:
O filme conta a história de uma comunidade pobre de Salvador que organiza uma resistência contra a destruição da feira de Água de Meninos. Ali vivia e trabalhava uma população formada por feirantes, pescadores, malandros, prostitutas e bicheiros. No filme, esses excluídos da sociedade se juntam contra

os grandes capitalistas que ambicionavam o terreno em que funcionava a feira. Um terreno popularmente conhecido como Mercado Modelo. *Sol sobre a lama* era inspirado em fatos reais e, durante as filmagens, todos sentiam na pele a pressão dos ricos sobre aquela comunidade pobre.

OTHON:
Certa vez, num embate entre os dois grupos, o Alex, que era ateu e comunista, resolveu usar balas de verdade para criar um efeito forte quando varassem a água. Uma dessas balas bateu numa pedra, ricocheteou e acertou, sem querer, um soldado. Ele ficou muito nervoso e gritou com a gente: "Olha só! Vocês, que são baianos e acreditam nessas coisas de candomblé e de Deus, tratem de rezar, que esse homem não pode morrer." A reza foi forte e ele não morreu.

MEMÓRIA:
A arte, por vezes, tem o poder da premonição: um ano depois de *Sol sobre a lama* ser lançado, veio o golpe militar de 1964. Por uma dessas estranhas "coincidências", a feira de Água de Meninos "sofreu um incêndio", foi obrigada a mudar de lugar e de suas cinzas surgiram grandes construções, capitaneadas pelos poderosos da capital baiana. [*para Othon*] Paralelo a isso, você fez um filme com uma temática parecida, né? *O pagador de promessas*, dirigido pelo Anselmo Duarte.

OTHON:
Eu fazia o papel de um repórter inescrupuloso na versão para o cinema da peça do Dias Gomes. O filme ganhou a Palma de Ouro em Cannes e todos nós do elenco viramos heróis nacio-

nais: Leonardo Villar, Dionísio Azevedo, Glória Menezes, Geraldo Del Rey, Norma Bengell...

MEMÓRIA:
Não seja modesto... Até você!

OTHON:
[*para Memória*] O cinema, quem diria, que nunca havia passado pela minha cabeça de dentista, começava a me dar uma certa notoriedade.

MEMÓRIA:
E pensar que o Louis Lumière, inventor do cinematógrafo, há uns cem anos, não acreditou no que havia criado.

OTHON:
Ele dizia assim: "Esta invenção não tem o menor futuro..."
Mas, naquele início dos anos 60, estávamos dando os primeiros passos para um movimento que ficou conhecido como Cinema Novo: uma câmera na mão e muitas ideias na cabeça. Apesar de algumas posições contrárias. Paulo Francis, por exemplo, jornalista que gostava de provocar, chegou a afirmar: "O filme é uma merda, mas o diretor é genial..."

MEMÓRIA:
O Cinema Novo chegou, viu, foi visto e venceu. A intelectualidade — que, na época, rejeitava a chanchada, as chamadas comédias populares carnavalescas que dominaram os anos 50 — recebeu o Cinema Novo de braços abertos. Mas a explosão do movimento, sem que se pudesse imaginar, ainda estava à espera, ali na esquina.

OTHON:

[*batendo de porta em porta imitando Glauber Rocha*] "É aqui que mora o Othon Bastos?" "É aqui que mora o Othon Bastos?" Que diabos era aquilo? Será que eu só conheço maluco? E o cara lá, feito um doido, visivelmente ansioso, de porta em porta: "É aqui que mora o Othon Bastos?" "É aqui que mora o Othon Bastos?" Resolvi ajudar o aflito. Era o Glauber Rocha. "Pô, tô te procurando há um tempão! Só sabia a rua onde você mora, mas não sabia o número!"

MEMÓRIA:
Resumindo a história: Glauber estava fazendo um filme, um bangue-bangue moderno, filmado no sertão da Bahia, e um dos atores tinha saído. E ele precisava, pra ontem, de outro ator.

OTHON:

[*imitando Glauber*] "Othon, vem comigo, preciso de você pra fazer meu filme." Expliquei a ele que não podia, que tava ensaiando uma peça. "Eu compro o teu passe!" Como assim? E fomos pro teatro. Não é que ele convenceu a produção de me ceder para o filme por duas semanas por 100 mil cruzeiros? [*para Memória*] Memória, quanto valem 100 mil cruzeiros hoje em dia?

MEMÓRIA:
36 reais e 45 centavos.
  E lá fui eu pro fim do mundo fazer *Deus e o Diabo na terra do sol* por 36,45.
  O tal rolo de papel debaixo do braço do Glauber era, na verdade, o roteiro de *Deus e Diabo*: imundo, todo rabiscado, mas consegui ler com muita atenção. Eu ia fazer um cangaceiro e

logo percebi como ele devia ser. No longo caminho até o local das filmagens, fui vendendo as minhas ideias: "Não dá pra fazer de forma realista, Glauber... [*caricaturando a interpretação realista de um cangaceiro*] 'Eu vim aqui matá todos ocês...' Isso já foi feito, com enorme sucesso, nos anos 50, no *Cangaceiro*, do Lima Barreto. Que tal partir para um Corisco moderno, leve, que pula, roda, uma coisa meio brechtiana..."

MEMÓRIA:
E ele só ouvindo...

Outra coisa... O Maurício do Valle, que faz o Antonio das Mortes, meu antagonista, é aquele homem grande, forte, enorme, e eu sou essa pessoa mais pra atarracada e baixa. Vai parecer um armário lutando contra uma mesinha de cabeceira.

MEMÓRIA:
E ele só ouvindo...

OTHON:
Mais uma coisa... O beijo com a Ioná Magalhães não pode ser assim... Glauber, aqui não é Hollywood! Aqui são duas pessoas selvagens. Tem que ser cabelo com cabelo, baba com baba. O Corisco não viu Clark Gable.

MEMÓRIA:
E ele só ouvindo...

OTHON:
Quando a gente chegou nas filmagens, depois de nove horas de estrada de costela de vaca, ele anunciou em alto e bom som: "Oi, pessoal! O Othon deu umas sugestões aqui e vai ter muita mudança." Ele aceitou as minhas ideias. Isso que é lindo e

generoso. Quando fomos filmar a cena do beijo, ele gritava: "Isso! Vai fazendo isso e rodando! A câmera vem em sentido contrário. Quando você sentir que rodou tudo, volta!"

MEMÓRIA:
Deus e o Diabo na terra do sol é um divisor de águas na história do cinema brasileiro.

OTHON:
E eu me tornei "O" cangaceiro de plantão. O que eu recebi de proposta de roteiro pra fazer outro cangaceiro não tá no gibi. Mas rejeitei todas. Mal tinha começado em cinema e já ia me repetir? Resultado: fiquei quatro anos sem filmar. Até que recebi o convite para fazer a versão cinematográfica do romance de Machado de Assis *Dom Casmurro*, focado na figura feminina da Capitu — a moça de olhar de mormaço. Fiz o Bentinho, um tipo bem urbano e diferente do Corisco, mostrando que eu sabia fazer outras coisas. Nesse sentido, o projeto funcionou pra mim.

Naqueles anos todos, entre *Deus e o Diabo* e *Capitu*, o que faz um ator com alguma coisa na cabeça e o bolso vazio? Teatro, óbvio. Pra mim, foi onde tudo começou. E é o lugar onde você pode terminar. Um Rei Lear, por exemplo, considerado uma das melhores personagens de todos os tempos, tem 88 anos. E eu não tô aqui encarando um monólogo pela primeira vez na vida com 90 anos?

MEMÓRIA:
91!!!

OTHON:
[*para Memória*] Ela não perdoa...Tudo na minha vida aconteceu por acaso... E eu acho que foi o acaso que me levou pra São

Paulo para trabalhar com Zé Celso Martinez Correa no Teatro Oficina, onde fiz quatro espetáculos dos mais importantes do grupo.

MEMÓRIA:
Os pequenos burgueses, do Gorki, *O rei da vela*, do Oswald de Andrade e duas do Brecht, *Galileu Galilei* e *Na selva das cidades*.

Foi um doutorado em artes cênicas. Naquela época, o Zé Celso, que revolucionou a cena brasileira, já estava com a mania de botar todo mundo pelado durante os ensaios. Ele dizia que era uma desintoxicação cultural. Negociei com ele: "Escuta aqui, Zé: baiano, com mais de 30 anos, não faz essas coisas." Colocaria um tapa-sexo e faria tudo o que ele criasse. E assim foi.

Nessa época, eu já estava casado com uma atriz chamada Martha Overbeck, uma atriz arretada dos oião verde, de quem a gente não tirava os olhos cada vez que ela pisava num palco. [*pausa*] Estamos casados há 57 anos.

MEMÓRIA:
58!!!

OTHON:
[*para Memória*] Muita gente me pergunta como é que pode durar tanto tempo? Principalmente entre dois atores, seres irrequietos por natureza.

MEMÓRIA:
[*curiosa*] Ah, mas aí até eu fiquei curiosa... O que você diria que é o mais fundamental em um relacionamento depois de quase sessenta anos de casamento?

OTHON:
O mais fundamental num casamento são amor e escuta. Eu te amo e eu te escuto. Mesmo nos casamentos profissionais.

E eu escutei, claramente, quando o Glauber me convidou para fazer *Deus e o Diabo* [*imitando Glauber*] "Faz parte de uma trilogia. *Deus e o Diabo*, *Terra em transe* e *O dragão da maldade contra o santo guerreiro*. E você estará nos três." Nada deixa um ator mais feliz do que promessa de trabalho. Quando a pré-produção de *Terra em transe* começou, me encontrei com o Glauber todo animado e descobri que não tinha papel pra mim no filme. Disse ele: "Ih, Othon, o papel que você poderia fazer, o do político conservador Porfírio Diaz, eu já dei pro Paulo Autran. E eu não vou mexer no Paulo Autran. Além do mais, você é muito novo pro papel."

Descobri com meus anos de figuração muda que existe no silêncio uma tão profunda sabedoria que, às vezes, se transforma na mais perfeita resposta.

MEMÓRIA:
Finalmente, havia chegado o momento de fechar a trilogia com *O dragão da maldade contra o santo guerreiro*. Parecia uma volta a *Deus e o Diabo*. A mesma polarização: num, Deus e Diabo, noutro, um dragão contra um santo.

OTHON:
E o baiano aqui, que já havia sido o Moreno, agora era o Professor — espécie de consciência do vilarejo onde tudo se passa e que, em silêncio, amava Laura, personagem de Odete Lara.

MEMÓRIA:

Dentro dos moldes de uma linguagem moderna, era uma narrativa descontínua de forma alegórica, com um pé no cordel e o outro na ópera.

O Festival de Cannes adorou essa encenação diferenciada e Glauber ganhou o prêmio de melhor diretor do ano. Estranhamente, eu nunca mais voltei a trabalhar com ele.

Mas já acostumado com esses arquétipos de o Baiano", "o Moreno, o Repórter, o Professor, logo depois eu fui chamado para ser o maior dos arquétipos — o Homem — em *Os deuses e os mortos*, do Ruy Guerra.

A vida é, realmente, muito engraçada... E também é muito estranha... Como dizia o Mario Quintana: "Não faças da tua vida um rascunho. Poderás não ter tempo de passá-la a limpo." Se existe uma fase na minha vida que eu nunca passaria a limpo seria a década de 70. Apesar de toda a repressão e censura, foi a época em que não só fiz muitos filmes como fundei, com Martha, uma companhia teatral que nos daria muitas alegrias.

MEMÓRIA:

Montaram peças como *Castro Alves pede passagem*, *Um grito parado no ar*, *Caminho de volta*, *Ponto de partida* e *Murro em ponta de faca* e trabalharam com gente do calibre de Gianfrancesco Guarnieri, Fernando Peixoto, Consuelo de Castro, Augusto Boal e Paulo José, entre muitos outros.

OTHON:

Mas se eu fosse obrigado a escolher um ano específico da década de 70, acho que cravava 1973. Nele, fiz um dos melhores filmes da minha trajetória — *São Bernardo* — baseado em Graciliano Ramos, dirigido por Leon Hirszman — e uma peça de enorme sucesso: *Um grito parado no ar*, do Guarnieri. Com o *Grito*, viajamos para os quatro cantos do Brasil, às vezes fazendo três apresentações por dia. [*para o público*] Vocês me ouviram bem? Não eram três apresentações por semana... Eram três por dia! [*pausa*]

O Brasil estava com aquele grito de rebeldia, de inconformismo, entalado na garganta e nós liberávamos, um pouco, aquele sufoco...

MEMÓRIA:
Um jeito de tentar driblar a feroz censura da ditadura daquela época era recorrer à metáfora: retratar a realidade de uma forma dissimulada, deixando a superfície mostrar uma coisa quando, no fundo, estava se mostrando outra totalmente diferente. Assim, *Um grito parado no ar* mostrava, aparentemente, o ensaio de uma peça quando, na verdade, falava sobre a opressiva realidade brasileira daquele momento.

OTHON:
Eu fazia o Augusto, um ator que não prima pela articulação, constantemente acusado de alienado e bobo da corte. E, de repente, reage. [*como Augusto*] "E você, com toda a sua consciência, o que você é?... Sem essa, irmão... Tá irritado com a tua mulher e vem descarregar pra cima de mim?... Essa não... Jogar problema pessoal em cima dos outros já estão fazendo muito por aí... Nessa eu não entro... E não tenho consciência... Mas nessa eu não entro... Ninguém tem nada a ver com o seu desespero *pessoal*... Falar pros outros é importante paca... Disso eu sei... E tenho uma bruta responsabilidade, ora, porra... E se brinco muito é porque, no fundo, é tudo muito engraçado! [...] Parece até que a gente tem alergia de viver... sei lá... Eu não

entendo direito... Só sei que não basta dizer 'Não é isso, não quero!', é preciso dizer: 'Eu quero isso! Quero aquilo!' Estão jogando Flit na gente e a gente não percebe... Ficamos aí, batendo asa... ora, porra!"

MEMÓRIA:

Era uma personagem explosiva, popular e comunicativa. Teve até um crítico que o chamou de "força da natureza".

OTHON:

[*achando graça*] Me senti um ciclone.

MEMÓRIA:

O Augusto era o oposto do Paulo Honório de *São Bernardo*, um sertanejo humilde, introspectivo, mergulhado em suas angústias e inquietações, que ascende socialmente. O filme foi um grande sucesso de crítica e de bilheteria.

OTHON:

Lembram que o Augusto falava: "Até parece que a gente tem *alergia* de viver..." Eu digo que a gente não pode perder é a *alegria* de viver. Em outras palavras, não se pode viver sem humor. Como diz a poeta americana Emily Dickinson: "Eu nasço contente todas as manhãs." Às vezes, eu tenho a impressão de que as pessoas estão cada vez mais carrancudas, perdendo o dom de rir. E isso é muito grave. O riso é a gasolina do espírito. E no teatro, pode ser um salto no escuro.

MEMÓRIA:

No final dos anos 70 até o início dos anos 90, o teatro carioca chegou a viver momentos inspiradores. Um deles foi o Teatro dos Quatro, tocado por Sérgio Britto, Paulo Mamede e Mimina Roveda. Quer dizer, eles eram os donos da sala de espetáculos e, ao mesmo tempo, com o patrocínio da Shell, também produziam peças impensáveis de serem montadas pela sua complexidade e elenco numeroso.

Eu participei de várias dessas montagens do Teatro dos 4. Uma das que me lembro com o maior carinho é o *O jardim das cerejeiras*, de Tchékhov. Fala, Memória!

MEMÓRIA:

A ação se passa em 1904, pré-Revolução Russa, época de transformações sociais, políticas e rurais. O jardim-título pertence a uma família tradicional, em plena decadência financeira, que precisa vender a propriedade para pagar dívidas e para a própria sobrevivência. Durante a peça, o jardim se torna, aos poucos, o símbolo de uma grandeza e pujança de um passado recente — da era tsarista. É aí que entra a personagem dele, o Lopákhin, a personificação do burguês comerciante, aparentemente amigo da família, mas, na verdade, em busca de vingança e que vê no jardim uma forma de enriquecimento rápido. Ele representa a ascensão de um novo regime de relações sociais que os velhos proprietários não conseguem entender. Mas só no terceiro ato é que Lopákhin alcança seu objetivo.

OTHON:

[*como Lopákhin*] "Eu comprei. Eu comprei! Esperem, senhores, por favor, minha cabeça está entorpecida, não consigo falar... [*ri*] Chegamos ao leilão, Dierigánov já estava lá. Leonid Andréitch tinha só 15 mil e Dierigánov ofereceu logo 30 mil, além da dívida. Vi que a situação era séria, cobri o lance dele, dei quarenta. Ele deu 45. Eu dei 55. Quer dizer, ele aumentava cinco, e eu, dez... Pois bem, chegou ao fim. Sobre a dívida, dei um lance de 90 mil e ficou para mim. Agora, o jardim das cerejeiras é meu! Meu! [*dá uma gargalhada*] Digam-me que estou bêbado, que estou louco, que tudo isso é fantasia... [...] Comprei a propriedade onde meu avô e meu pai foram escravos, onde não deixavam que eles entrassem nem na cozinha. [...] Ei, músicos, toquem, quero ouvir vocês! Venham todos ver como Ermolai Lopákhin derruba com o machado o jardim das cerejeiras, vejam como as árvores vão tombar. Vamos construir casas de veraneio e nossos netos e bisnetos viverão, aqui, uma vida nova... Música, toquem!"

A música cresce, mas logo começa a cair e Othon retoma a palavra.

OTHON:
E pensar que essa peça foi escrita há cem anos...

MEMÓRIA:
Se você trocar o comerciante por um emergente — ou alguém que ganhou um dinheiro há pouquíssimo tempo — e mudar o jardim das cerejeiras por outro objeto de desejo, digamos uma casa na Barra da Tijuca, a gente pode perceber como os movimentos sociais se repetem — ainda que com algumas adaptações. E a adaptação de *O jardim das cerejeiras* era muito boa!

OTHON:
São tantos os fatores para um espetáculo dar certo que vocês nem imaginam: o texto precisa interessar o público, a direção precisa encontrar a tradução cênica adequada para o material escrito, o elenco precisar saber comunicar o que está sendo dito

com a mais absoluta verdade. Já no cinema, depois que a coisa fica pronta, "na lata", como se diz, dificilmente mexem nela.

MEMÓRIA:
Nessa época, Othon tornou-se praticamente um coadjuvante de luxo em filmes como *Bicho de sete cabeças*, com Rodrigo Santoro e *Central do Brasil*, com Fernanda Montenegro.

OTHON:
No meio desses anos como coadjuvante de luxo, recebi um convite que não era "sim" nem "não". Era um protagonista irrecusável. Interpretar os últimos dias do presidente Tancredo Neves no filme *O paciente*, dirigido por Sérgio Rezende. Foi um trabalho de muito fôlego, mas o resultado superou todas as minhas expectativas.

MEMÓRIA:
Apesar da gente saber como aquela história terminava, o filme tinha uma narrativa tão tensa, tão densa que você ficava grudado na tela, acompanhando o desenrolar dos acontecimentos.

OTHON:
E, a cada vez que eu via o filme, a mesma questão não me saía da cabeça: seríamos, com certeza, um outro país se Tancredo tivesse conseguido cumprir seu mandato. Invariavelmente, no final de cada sessão do filme, ele era aplaudido. Acho que o aplauso caloroso, espontâneo do público é a mais generosa recompensa que um ator pode esperar de seu trabalho.

MEMÓRIA:
É o sinal de missão cumprida?

OTHON:
Isso, Memória... É o sinal de missão cumprida.

MEMÓRIA:
Às vezes, o aplauso não vem logo assim, de cara. Por exemplo, desde que o poeta e dramaturgo espanhol Federico García Lorca havia caído, crivado de balas, no alvorecer da Guerra Civil Espanhola, sua peça *A sapateira prodigiosa* não aparecia nos palcos do seu país. Muitos anos tinham se passado quando um grupo teatral uruguaio montou essa peça em Madri.

Atuaram como nunca, com alma e vida. No final, não receberam aplausos. Em compensação, o público se pôs a pisar forte no chão, com fúria total, enquanto o elenco permanecia perplexo. Uma das atrizes confessou na época: "Ficamos pasmos. Era um desastre. Era de chorar." Mas, depois de alguns momentos, explodiu a ovação. Longa, intensa, agradecida. Mas o elenco continuava sem entender. [*pausa*] Talvez aquele primeiro aplauso com os pés, aquele trovão sobre a terra, tenha sido para o autor. Para o autor, fuzilado por ser comunista, por ser "maricas", como se dizia naquela época, por ser esquisito, como alguns dos maiores artistas criativos são. Talvez tenha sido uma forma de dizer a ele: "Veja, Federico! Veja como você está mais vivo do que nunca!"

Como diria Lorca: "O teatro é a poesia que levanta do livro e se torna humana. E ao tornar-se humana, ela fala, ela chora, se desespera e ama."

Memória sai de cena. Othon começa, então, a recitar a música--tema de Toquinho e Guarnieri para Um grito parado no ar.

OTHON:

"Moro no fim de um escuro corredor/ Papel-jornal fazendo as vezes de vidraça/ Quarto mirim que só tem cheiro de bolor/ Eu vivo assim, em cada esquina uma ameaça/ Quem souber de alguma coisa/ Venha logo me avisar/ Sei que há um céu sobre esta chuva/ E um grito parado no ar."

Meu nome é Othon Bastos. Eu sou um ator brasileiro. Tenho 91 anos. E não me entrego, não!

Explode a música-tema de Um grito parado no ar *numa vibrante versão instrumental. Black-out.*

FIM

Panorâmica do tempo

Aparentemente, *Não me entrego, não!* é uma peça sobre o passado. Flávio Marinho escreveu o texto para que Othon Bastos trouxesse à tona momentos importantes de sua bem-sucedida carreira. Não são poucos os fatos evocados. Nascido em Tucano, na Bahia, o ator se lembra da professora que o fez prometer que nunca se envolveria com atividades artísticas. Sustentou a determinação durante certo tempo. Tanto que quase se tornou dentista.

Othon frisa encontros fundamentais no começo de seu percurso como ator. Foi o caso de Paschoal Carlos Magno, à frente do Teatro Duse, onde diversos autores e atores foram revelados. Os acontecimentos prosseguem: graças a Assis Chateaubriand, ele viajou para Londres e lá conheceu Sérgio Viotti, que o aconselhou a voltar rapidamente para o Brasil em busca de melhores oportunidades profissionais. Diante de um convite de Eros Martim Gonçalves, retornou à Bahia.

A partir dos anos 1960 — Othon pontua — veio o cinema: *Sol sobre a lama*, de Alex Viany, *O pagador de promessas*, filme de Anselmo Duarte (vencedor da Palma de Ouro em Cannes) adaptado da peça de Dias Gomes, *Deus e o Diabo na terra do sol*, de Glauber Rocha, com quem estabeleceu contato singular, e

Capitu, de Paulo César Saraceni, transposição do romance *Dom Casmurro*, de Machado de Assis. Entrando pela década de 1970, a conexão com Ruy Guerra em *Os deuses e os mortos* e o rigor imersivo em *São Bernardo*, sob a condução de Leon Hirszman, que levou para a tela o livro de Graciliano Ramos.

Foi um período bastante produtivo para Othon, que fundou com a esposa, a atriz Martha Overbeck, uma companhia de teatro celebrada pelas montagens de textos contundentes, como *Um grito parado no ar*, *Castro Alves pede passagem*, ambos de Gianfrancesco Guarnieri, e *Murro em ponta de faca*, de Augusto Boal. Othon integrou — em fases distintas, mesmo que próximas na cronologia — a história do Teatro Oficina nas encenações de *Os pequenos burgueses*, de Máximo Gorki, *O rei da vela*, de Oswald de Andrade, *Galileu Galilei* e *Na selva das cidades*, ambas de Bertolt Brecht.

Teatro e cinema mantiveram Othon em movimento constante — e é por isso que Flávio Marinho concentrou seu texto nas elogiadas interpretações do ator nesses dois campos. Othon seguiu adiante em cena e brilhou em *O jardim das cerejeiras*, de Anton Tchékhov, espetáculo realizado no Teatro dos 4. E permaneceu como "coadjuvante de luxo" nos filmes *Bicho de sete cabeças*, de Laís Bodanzky, e *Central do Brasil*, de Walter Salles, e como protagonista em *O paciente — O caso Tancredo Neves*, de Sérgio Rezende.

Mas, apesar dessa extensa enumeração de trabalhos, *Não me entrego, não!* não é um texto atado ao passado. Em sua dramaturgia, desenvolvida desde a segunda metade dos anos 1980, Flávio Marinho propõe ao leitor/espectador uma travessia por décadas anteriores — motivada por assumida nostalgia ou pela consciência das lacunas de uma época como a de hoje, marcada pelo imediatismo e por considerável desinteresse pela história.

Não por acaso, a Memória, corporificada na atriz Juliana Medella, desponta como personagem da peça.

Memória é o que não falta a Flávio. Alguns de seus textos proporcionam uma prazerosa hora da saudade. Em *Splish splash*, reproduziu, com apreciável frescor, a década de 1960 em ambiente escolar repleto de tipos facilmente identificáveis. Continuou investindo no sabor das citações e no terreno do musical em *Os 7 brotinhos*, título que diz respeito aos personagens testados para o elenco de uma montagem de *A chorus line*, *Perfume de Madonna*, calcado na semelhança entre a atriz Regina Restelli e a cantora Madonna; *Quatro carreirinhas*, concebido a partir de situação nonsense recheada de menções a artistas emblemáticos; *Theatro musical brasileiro 3 — De 1945 a 1962*, tributo ao Teatro de Revista que retomou a linha de espetáculos assinada por Luís Antônio Martinez Corrêa; e *Sessão da tarde*, reunião de contagiantes músicas da Jovem Guarda.

Outras vezes, Flávio promoveu uma articulação entre o passado e o instante em que as peças foram escritas. Em *Salve, amizade*, antigos amigos de colégio evidenciam suas mudanças em relação aos anos de mocidade, na década de 1970, tanto no que se refere aos impactos físicos quanto às transições em termos de posicionamento ideológico. Flávio traçou mais panorâmicas do tempo em *Coração brasileiro*, texto em que conjugou jornadas individuais com décadas de história do país (do início da ditadura ao final dos anos 1990), e em *Um caminho para dois*, em que entrelaçou a convivência de um casal com conjunturas intensas do Brasil (entre 1979 e 2005). As reminiscências de juventude também surgiram em *Estúpido cupido* — nome da canção que batizou o álbum de estreia de Celly Campello —, peça em que amigos se reencontram numa festa com a atmosfera dos anos 1960.

Representante da tradição da comédia de costumes que atravessa o teatro brasileiro — a exemplo de *Abalou Bangu* e *Abalou Bangu 2*, textos que, como muitos do autor, abordam os descompassos geracionais e comportamentais —, Flávio se notabilizou como cronista do Rio de Janeiro e até do país. O humor é o ingrediente preponderante. Flávio, porém, diversifica ao transitar pelo drama. Em *Noite feliz*, expôs a discrepância entre o universo do protagonista — um ator em cartaz com uma montagem de *As flores do mal*, de Charles Baudelaire — e o dos seus parentes, nada entusiasmados com refinamento cultural. E mostrou a tentativa de reaproximação afetiva entre o personagem principal e sua mãe, conflito familiar que norteou mais um de seus textos, *Um dia das mães*. A rivalidade entre irmãos, concretizada quando um decide falar sobre o outro numa peça, imperou em *Irmãozinho querido*. E o confronto com a morte apareceu em *Além do arco-íris* e *Academia do coração*.

Flávio Marinho, contudo, inscreve *Não me entrego, não!* num conjunto diferente de textos: aqueles centrados nas vidas de artistas, como *Viva Elvis*, sobre o astro Elvis Presley, *Cauby!, Cauby!*, sobre o cantor Cauby Peixoto, *A vingança do espelho*, sobre a atriz Zezé Macedo, e *Judy — O arco-íris é aqui*, sobre a lendária Judy Garland. Mas os procedimentos dramatúrgicos divergem. No primeiro, Flávio forneceu um painel da trajetória de Elvis a partir da oposição entre um pai, fã do cantor, e um filho, adepto da batida do funk. No segundo, a estrada profissional de Cauby foi descortinada por meio de uma entrevista do artista concedida a um estudante de jornalismo. No terceiro, destacou informações sobre Zezé, uma das grandes comediantes das chanchadas da Atlântida, através de personagens pertencentes a um grupo de teatro dedicado a encenar um espetáculo sobre ela. E no quarto houve uma mescla entre a vida de Judy e da atriz que a interpreta, Luciana Braga.

Nesta nova peça, o próprio Othon imprime atualidade às recordações de sua carreira ao representar fragmentos de textos como *Um grito parado no ar*, elegendo uma passagem de discussão sanguínea, e *O jardim das cerejeiras*, reeditando o clímax da peça, em que Lopákhin comemora a compra do jardim. A fricção entre passado e presente se manifesta ainda, de maneira crítica, quando Othon/Flávio chama atenção para a efervescência da cena teatral em décadas do século XX, período em que eventualmente se chegava a fazer três apresentações por noite. Além disso, havia espetáculos que surpreendiam pelo elegante padrão de produção, como os do Teatro dos 4. Um quadro que destoa do aqui/agora. Mas, como Othon, Flávio não se entregou. Os dois somaram esforços e fizeram desta peça, abraçada pelo público ao longo de meses de temporada, uma feliz exceção. Ao que tudo indica, um futuro cheio de possibilidades se anuncia.

Daniel Schenker
Crítico, jornalista e professor

CIP-BRASIL. CATALOGAÇÃO NA PUBLICAÇÃO
SINDICATO NACIONAL DOS EDITORES DE LIVROS, RJ

M29n

Marinho, Flávio

Não me entrego, não! / Flávio Marinho. - 1. ed. - Rio de Janeiro : Cobogó, 2025.

64 p. ; 19 cm. (Dramaturgia)

ISBN 978-65-5691-160-1

1. Bastos, Othon, 1933-. 2. Teatro (Literatura) - Atores - Brasil - Biografia. 3. Biografia como forma literária. I. Título. II. Série.

25-95869   CDD: 927.92028092
                  CDU: 929:7.071.2(81)

Gabriela Faray Ferreira Lopes - Bibliotecária - CRB-7/6643

© Editora de Livros Cobogó, 2025

Editora-chefe
Isabel Diegues

Editora
Aïcha Barat

Gerente de produção
Melina Bial

Revisão final
Carolina Falcão

Projeto gráfico de miolo e diagramação
Mari Taboada

Capa
Gamba Junior

Nenhuma parte deste livro pode ser reproduzida ou transmitida de qualquer forma ou por qualquer meio, eletrônico ou mecânico, incluindo fotocópia, gravação ou por qualquer sistema de armazenamento e recuperação de informações, sem permissão por escrito do editor.

A opinião dos autores deste livro não reflete necessariamente a opinião da editora Cobogó.

Todos os direitos reservados à
Editora de Livros Cobogó Ltda.
Rua Gen. Dionísio, 53, Humaitá
Rio de Janeiro – RJ – Brasil – 22271-050
www.cobogo.com.br

COLEÇÃO DRAMATURGIA

ALGUÉM ACABA DE MORRER LÁ FORA, de Jô Bilac

NINGUÉM FALOU QUE SERIA FÁCIL, de Felipe Rocha

TRABALHOS DE AMORES QUASE PERDIDOS, de Pedro Brício

NEM UM DIA SE PASSA SEM NOTÍCIAS SUAS, de Daniela Pereira de Carvalho

OS ESTONIANOS, de Julia Spadaccini

PONTO DE FUGA, de Rodrigo Nogueira

POR ELISE, de Grace Passô

MARCHA PARA ZENTURO, de Grace Passô

AMORES SURDOS, de Grace Passô

CONGRESSO INTERNACIONAL DO MEDO, de Grace Passô

A PRIMEIRA VISTA | IN ON IT, de Daniel MacIvor

INCÊNDIOS, de Wajdi Mouawad

CINE MONSTRO, de Daniel MacIvor

CONSELHO DE CLASSE, de Jô Bilac

CARA DE CAVALO, de Pedro Kosovski

GARRAS CURVAS E UM CANTO SEDUTOR, de Daniele Avila Small

OS MAMUTES, de Jô Bilac

INFÂNCIA, TIROS E PLUMAS, de Jô Bilac

NEM MESMO TODO O OCEANO, adaptação de Inez Viana do romance de Alcione Araújo

NÔMADES, de Marcio Abreu e Patrick Pessoa

CARANGUEJO OVERDRIVE, de Pedro Kosovski

BR-TRANS, de Silvero Pereira

KRUM, de Hanoch Levin

MARÉ/PROJETO BRASIL, de Marcio Abreu

AS PALAVRAS E AS COISAS, de Pedro Brício

MATA TEU PAI, de Grace Passô

ÃRRÃ, de Vinicius Calderoni

JANIS, de Diogo Liberano

NÃO NEM NADA, de Vinicius Calderoni

CHORUME, de Vinicius Calderoni

GUANABARA CANIBAL, de Pedro Kosovski

TOM NA FAZENDA, de Michel Marc Bouchard

OS ARQUEÓLOGOS, de Vinicius Calderoni

ESCUTA!, de Francisco Ohana

ROSE, de Cecilia Ripoll

O ENIGMA DO BOM DIA,
de Olga Almeida

A ÚLTIMA PEÇA, de Inez Viana

BURAQUINHOS OU O VENTO
É INIMIGO DO PICUMÃ,
de Jhonny Salaberg

PASSARINHO,
de Ana Kutner

INSETOS, de Jô Bilac

A TROPA,
de Gustavo Pinheiro

A GARAGEM,
de Felipe Haiut

SILÊNCIO.DOC,
de Marcelo Varzea

PRETO, de Grace Passô,
Marcio Abreu e Nadja Naira

MARTA, ROSA E JOÃO,
de Malu Galli

MATO CHEIO, de Carcaça
de Poéticas Negras

YELLOW BASTARD,
de Diogo Liberano

SINFONIA SONHO,
de Diogo Liberano

SÓ PERCEBO QUE ESTOU
CORRENDO QUANDO VEJO QUE
ESTOU CAINDO, de Lane Lopes

SAIA, de Marcéli Torquato

DESCULPE O TRANSTORNO,
de Jonatan Magella

TUKANKÁTON + O TERCEIRO
SINAL, de Otávio Frias Filho

SUELEN NARA IAN,
de Luisa Arraes

SÍSIFO, de Gregorio Duvivier
e Vinicius Calderoni

HOJE NÃO SAIO DAQUI,
de Cia Marginal e Jô Bilac

PARTO PAVILHÃO,
de Jhonny Salaberg

A MULHER ARRASTADA,
de Diones Camargo

CÉREBRO_CORAÇÃO,
de Mariana Lima

O DEBATE, de Guel Arraes
e Jorge Furtado

BICHOS DANÇANTES,
de Alex Neoral

A ÁRVORE, de Sílvia Gomez

CÃO GELADO, de Filipe Isensee

PRA ONDE QUER QUE EU
VÁ SERÁ EXÍLIO,
de Suzana Velasco

DAS DORES,
de Marcos Bassini

VOZES FEMININAS — NÃO EU,
PASSOS, CADÊNCIA,
de Samuel Beckett

PLAY BECKETT — UMA PANTOMIMA
E TRÊS DRAMATÍCULOS (ATO SEM
PALAVRAS II | COMÉDIA/PLAY |
CATÁSTROFE | IMPROVISO DE OHIO),
de Samuel Beckett

MACACOS — MONÓLOGO
EM 9 EPISÓDIOS E I ATO,
de Clayton Nascimento

A LISTA, de Gustavo Pinheiro

SEM PALAVRAS, de Marcio Abreu

CRUCIAL DOIS UM,
de Paulo Scott

MUSEU NACIONAL
[TODAS AS VOZES DO FOGO],
de Vinicius Calderoni

KING KONG FRAN
,de Rafaela Azevedo e Pedro Brício

PARTIDA, de Inez Viana

AS LÁGRIMAS AMARGAS
DE PETRA VON KANT,
de Rainer Werner Fassbinder

AZIRA'I — UM MUSICAL DE
MEMÓRIAS, de Zahỳ Tentehar
e Duda Rios

SELVAGEM,
de Felipe Haiut

DOIS DE NÓS,
de Gustavo Pinheiro

UM JARDIM PARA TCHEKHOV,
de Pedro Brício

SETE MINUTOS,
de Antonio Fagundes

LADY TEMPESTADE,
de Sílvia Gomez

MARIPOSAS AMARILLAS,
de Inez Viana

ANA LÍVIA E OUTRAS
MULHERES,
de Caetano W. Galindo

COLEÇÃO DRAMATURGIA ESPANHOLA

A PAZ PERPÉTUA, de Juan Mayorga |
Tradução Aderbal Freire-Filho

ATRA BÍLIS, de Laila Ripoll |
Tradução Hugo Rodas

CACHORRO MORTO NA LAVANDERIA:
OS FORTES, de Angélica Liddell |
Tradução Beatriz Sayad

CLIFF (PRECIPÍCIO), de José Alberto
Conejero | Tradução Fernando
Yamamoto

DENTRO DA TERRA, de Paco Bezerra |
Tradução Roberto Alvim

MÜNCHAUSEN, de Lucía Vilanova |
Tradução Pedro Brício

NN12, de Gracia Morales |
Tradução Gilberto Gawronski

O PRINCÍPIO DE ARQUIMEDES,
de Josep Maria Miró i Coromina |
Tradução Luís Artur Nunes

OS CORPOS PERDIDOS, de José Manuel
Mora | Tradução Cibele Forjaz

APRÈS MOI, LE DÉLUGE (DEPOIS DE
MIM, O DILÚVIO), de Lluïsa Cunillé |
Tradução Marcio Meirelles

COLEÇÃO DRAMATURGIA FRANCESA

É A VIDA, de Mohamed El Khatib | Tradução Gabriel F.

FIZ BEM?, de Pauline Sales | Tradução Pedro Kosovski

ONDE E QUANDO NÓS MORREMOS, de Riad Gahmi | Tradução Grupo Carmin

PULVERIZADOS, de Alexandra Badea | Tradução Marcio Abreu

EU CARREGUEI MEU PAI SOBRE MEUS OMBROS, de Fabrice Melquiot | Tradução Alexandre Dal Farra

HOMENS QUE CAEM, de Marion Aubert | Tradução Renato Forin Jr.

PUNHOS, de Pauline Peyrade | Tradução Grace Passô

QUEIMADURAS, de Hubert Colas | Tradução Jezebel De Carli

COLEÇÃO DRAMATURGIA HOLANDESA

EU NÃO VOU FAZER MEDEIA, de Magne van den Berg | Tradução Jonathan Andrade

RESSACA DE PALAVRAS, de Frank Siera | Tradução Cris Larin

PLANETA TUDO, de Esther Gerritsen | Tradução Ivam Cabral e Rodolfo García Vázquez

NO CANAL À ESQUERDA, de Alex van Warmerdam | Tradução Giovana Soar

A NAÇÃO — UMA PEÇA EM SEIS EPISÓDIOS, de Eric de Vroedt | Tradução Newton Moreno

2025

1ª reimpressão

Este livro foi composto em Calluna.
Impresso pela Gráfica Eskenazi,
sobre papel Pólen Bold 90 g/m².